藏在象棋里的思维游戏

第二辑

陈章元 编著

化学工业出版社
·北京·

图书在版编目（CIP）数据

藏在象棋里的思维游戏. 第二辑 / 陈章元编著. —北京：化学工业出版社，2020.8
ISBN 978-7-122-37068-6

Ⅰ.①藏… Ⅱ.①陈… Ⅲ.①智力游戏-儿童读物 Ⅳ.①G898.2

中国版本图书馆 CIP 数据核字（2020）第 089954 号

本书书稿统筹　　天津雷晴文化传播有限公司　　张兵

责任编辑：龚　娟　　　　　　　　　　装帧设计：水玉银文化 syyart@qq.com
责任校对：赵懿桐　　　　　　　　　　绘　　图：画盟插画工作室

出版发行：化学工业出版社（北京市东城区青年湖南街 13 号　邮政编码 100011）
印　　装：凯德印刷（天津）有限公司
710mm×1000mm　1/16　印张 5¾　字数 105 千字　2020 年 9 月北京第 1 版第 1 次印刷

购书咨询：010-64518888　　　　　　　　　　售后服务：010-64518899
网　　址：http://www.cip.com.cn

凡购买本书，如有缺损质量问题，本社销售中心负责调换。

定　价：34.00 元　　　　　　　　　　　　　　　　版权所有　违者必究

前言

　　象棋是中华民族的瑰宝,集娱乐、军事、管理、科学、艺术于一身,其中蕴含着战争之道、管理之道、人生之道,蕴含着人们追寻和探索的竞智、竞技、竞力文化。棋枰上有调兵遣将、排兵布阵之功能,可以满足人们纵横捭阖、指挥千军万马的愿望;对弈中的战略谋划、知人善用,满足了人们运筹帷幄、决胜千里的好奇。它的魅力还在于,能够让参与者感悟传统文化中的人生智慧,在对弈中练智力、练谋略、练心气、练记忆,感受勇往直前的豪迈,智计谋略决胜的愉悦,山穷水尽后柳暗花明的乐趣。象棋受众人多面广,千百年来,象棋受到不同时代、不同阶层、不同年龄人群的喜爱!

　　我从小迷棋,一生爱棋,六十多年来对象棋的兴趣丝毫未减。下棋、用棋、讲棋、写棋,把棋文化延伸到个人成长中,拓展到事业的奋斗中,运用到排兵布阵的军事指挥中。从象棋中领略成长进步的奥妙,从象棋中汲取智慧人生的诀窍。我感悟:幼年学棋,有助于智力的开发、思维能力的提高;少年学棋,有助于经受竞争与合作的磨炼,培养顽强拼搏、永不放弃的精神;青年下棋,有助于提升创新勇气,开阔学习思路;中年下棋,有助于磨炼心性,让思考更缜密;老年下棋,更有交友怡情之绝妙功用,且助人淡泊明志以安度晚年。真可谓棋趣无穷，棋乐无穷。

前些年，中国象棋协会的领导、相熟的象棋大师及棋友，希望我给少年儿童写些普及象棋知识的书，我欣然允诺。由于退休后时间充裕，便定下心来写出此书。这是一套有关棋的科普读物，力求用通俗易懂的语言讲述象棋文化。书中各节均由象棋的人文小故事、思维游戏、象棋的知识课堂三部分组成，全书引入卡通漫画，力求鲜活、灵动、前卫，达到喜闻乐见、普及知识、开拓视野、开发智力的目的。

我希望本套书能得到小朋友及家长们的喜爱！

陈章元

2020 年 5 月 20 日

目录

1. 谁是真英雄 … 1
2. 战场上的猛将 … 4
3. 敌军老将藏在哪里 … 6
4. 穿错衣服的小兵 … 9
5. 哪个谋士说对了 … 12
6. 寻找敌营 … 15
7. 棋子对对碰 … 18
8. 战车的攻击 … 20
9. 象棋藏在哪里了 … 23
10. 不一样的战车 … 26
11. 火牛迷宫 … 28
12. 马的名字 … 31
13. 四匹战马 … 34
14. 战马的影子 … 37
15. 将军的火印 … 39

目录

- ⑯ 马的主人　　　　　　41
- ⑰ 对号入座　　　　　　44
- ⑱ 轻炮和重炮　　　　　47
- ⑲ 炮打敌营　　　　　　50
- ⑳ 帮战马找主人　　　　53
- ㉑ 小卒过河　　　　　　56
- ㉒ 谁俘虏的敌军最多　　59
- ㉓ 锦囊妙计　　　　　　62
- ㉔ 将军的城堡　　　　　65
- ㉕ 军营鸟瞰图　　　　　67
- ㉖ 迷路的将军　　　　　70
- ㉗ 将军走棋　　　　　　73
- ㉘ 谁是后来者　　　　　75
- ㉙ 象棋残局　　　　　　78
- 答　案　　　　　　　　81

谁是真英雄

小故事 杨业报国

北宋有位名将叫杨业，他因擅长在边关打仗，被皇帝安排与大臣潘美共同守卫边防，抵御外来敌军的入侵。在战斗中，杨业利用堵截、奇袭等方法多次打败敌军，所以敌军一见到"杨"字旗帜就心惊胆战，不敢轻易冒犯，杨业也因此被称为"杨无敌"。

宋太宗年间，为彻底解决敌人的骚扰问题，太宗皇帝决定对敌军宣战。两军对决时，敌军也调了无数的精兵强将，猛力进攻大宋。针对当时军情，大将军杨业的观点是不可强攻，只需派几千名弓箭手守在谷口即可。此时，潘美却提出了与杨业相反的观点，他主张强攻，并挑唆监军王优讽刺杨业："你不是号称'杨无敌'吗？为何没胆量跟敌人交锋？我们拥有百万精兵，有什么可怕的呢？"

杨业被逼无奈，只好奉旨出兵。临行前，杨业流着泪对潘美说："我这次出兵，必败无疑，我愿以死报国。但你记住，当敌人攻打到谷口时，你一定要出兵击敌，不然我们定会全军覆没。"

果然如杨业所料，敌军实力过猛，不可硬拼，只能撤退。当杨业撤到陈家谷时，请求潘美支援，却不料他早已带兵撤离了。能征善战的杨业因寡不敌众，被敌军俘虏，最后在敌营中绝食而亡，他的儿子杨七郎也在这次战斗中壮烈牺牲。

思维游戏：谁是真英雄

敌军的大将被我军俘虏，俘虏大将的是四个士兵中的一个。我军老帅想知道谁是俘虏敌军将领的真英雄，便对四个士兵进行询问。询问过程中，四个人各说了一句话。

士兵A说："我不是英雄。"

士兵B说："D是英雄。"

士兵C说："B是英雄。"

士兵D说："我不是英雄。"

这四个人中，只有一个人说了真话。小朋友，根据A、B、C、D四个人说的话，你能从1、2、3、4四个选项中选出正确答案吗？

1. 士兵A说了假话，士兵A是真正的英雄。
2. 士兵B说了真话，士兵D是真正的英雄。
3. 士兵C说了真话，士兵B是真正的英雄。
4. 士兵D说了假话，士兵D是真正的英雄。

将对方军之前要喊一声"将军"吗

"将军"一词是象棋中的常用术语，也简称为"将"，意思是在双方对局中，一方的棋子会在下一着把对方的将（帅）吃掉。有棋手朋友问，在进行象棋对弈时，将军需要先提醒对方吗？通常情况下，如果是普通比赛，棋手为表明自己的光明磊落，在将军之前都会喊一声"将军"，让对手有心理准备。不过在正规象棋比赛中，将军之前是不需要喊"将军"的。

战场上的猛将

小故事 勇猛的张飞

有一次,刘备的军队遭曹军追杀,曹操命士兵取刘备性命。刘备自知不敌,带兵撤离,让张飞断后。当时,张飞屡经拼杀,手下士兵只有十几人。当来到长坂坡当阳桥后,张飞命手下士兵隐藏于山林之中,让士兵把马尾系在树枝上,来回奔跑扬起尘土,假装有伏兵。而张飞孤身一人横刀立马,守在当阳桥的一端。

曹操率领大军来到当阳桥,见林深树密且尘土飞扬,不知伏有多少雄兵,加上仅张飞一人守在桥上,于是阻止士兵们前行。正当曹操犹豫之时,张飞大喝一声道:"燕人张翼德在此,谁敢与我决一死战!"正是这声怒吼,如晴天惊雷,吓得曹操掉头就跑,也吓得夏侯杰落马身亡。

思维游戏：战场上的猛将

下面小图中的5个人物，是战场上最勇猛的将士。认真观察并记住他们每个人的样子，然后盖住这5幅小图，并从大图中找出他们。

将军脱袍

"将军脱袍"是象棋对弈中的专用术语，意思是当棋局进入残局阶段时，将（帅）可以撤掉所有不必要的掩护，赤膊上阵，自控一路，以前所未有的猛烈攻势获取最终的胜利。此招数也被称作"关公脱袍"或"推窗望月"。

3 敌军老将藏在哪里

小故事 为何将与帅不能碰面

"将帅不能碰面"这个规矩要从刘邦和项羽的楚汉之争说起。

当时刘邦和项羽各占了全国一半领土,双方争夺天下的战斗进入白热化阶段。但总体来说,还是项羽的军力较强,所以每次刘邦遇到项羽,几乎都要逃命。

有一次,两个人又狭路相逢,刘邦为了气项羽,故意辱骂他。项羽脾气火爆,拉开弓就朝刘邦射去,一箭射在了刘邦的胸口,差点要了他的性命。但刘邦为了稳住军心,同时也为了杀项羽的威风,故意说:"你项羽的箭术也太差了,只射中了本帅的脚趾头,回家练好了再来较量吧!"

有了这次险些丧命的经历,刘邦再也不敢与项羽正面交锋了,只是躲在背后说项羽的坏话。后来,双方定了楚河汉界、互不相犯的盟约。相传,正是因为这件事,象棋中有一条"将帅不能碰面"的规矩。

思维游戏：敌军老将藏在哪里

两军决战，敌军的老将跑了，我军的老帅带着士兵到处搜捕。很快，他们来到一个山顶，发现周围有敌军老将留下的脚印，附近有三个小屋，分别是1号屋、2号屋和3号屋。老帅断定敌军老将就藏在这三个小屋中的一个里面。当士兵走到1号屋门前，里面走出一个小孩说："你要找的人不在这里。"当士兵走到2号屋门前，第二个孩子走出来说："你们要找的人在1号屋内。"当士兵走到3号屋门前，第三个孩子走出来说："你们要找的人不在这里。"这三个孩子中，只有一个人说了真话。小朋友，请猜一猜第几个小孩说的是真话，敌军老将究竟藏身于几号小屋中呢？

象棋杀法之"对面笑"

象棋中有一种杀法叫"对面笑",也称为"白脸将"。具体做法是,当将和帅在同一直线上,如果两者之间没有任何棋子,先走子的一方就算获胜,这种获胜方法遵循了棋局中"将帅会面,先者为王"的行棋规则。

其实,"对面笑"与"笑里藏刀"有着异曲同工的效果,也就是我们通常所说的,表面上看起来风平浪静,实际上暗藏杀机。所以,当棋局中出现"将帅对脸"时,也就预示着棋局即将结束。

4 穿错衣服的小兵

小故事 换衣救主

北宋时期，杨家将为国守土，十分英勇。辽国士兵连吃败仗，不敢轻易进攻。

辽国的萧太后为振奋军心，亲自到幽州前线指挥辽军作战。萧太后到前线一看，见宋军严阵以待，不好强攻，只好假借谈判，约宋太宗和杨家军到金沙滩和谈，而后准备秘密布下雄兵，将太宗皇帝和杨家将一网歼灭。

当和谈的消息传到杨业耳中时，机智的他瞬间识破萧太后的阴谋。由于杨业的长子杨延平与宋太宗长得非常相像，他提议让自己的儿子穿上黄袍，代替宋太宗参加和谈。但奸臣潘美却以损伤国体为由，坚决反对。太宗皇帝权衡利弊后，还是同意了杨业的替身计划。

没想到的是，萧太后十分奸诈，她并没有亲自参与和谈，而是让天庆王替她谈判，自己则率精兵赶赴金沙滩，准备与宋军决一死战。

双方抵达金沙滩后，辽国一方马上露出了狼子野心，诸多士兵将杨延平团团围住。但杨延平也是有备而来，他于乱军之中一箭射死了天庆王。

后来，杨延平因久战不利，被辽军乱枪挑死。杨延平虽不幸身亡，但他忠肝义胆、为国捐躯的壮举被后人永远铭记。

思维游戏：穿错衣服的小兵

天气酷热，四个小兵偷偷跑到军营旁边的河里游泳。刚跳到水中，突然听到军营中响起集合的哨声。他们赶紧爬上河岸，但由于紧张穿错了衣服。上图是他们游泳前穿的衣服，下图是他们慌乱中穿错的衣服。请认真观察上图，记住每名小兵上衣和裤子的序号，然后盖住上图，观察下图，看每个小兵的衣服分别错在哪里。

"弃卒保帅"是什么意思

弃卒保帅,即舍弃小卒的生命来保护老帅的安全,指用一些无关紧要的东西来保护更重要的东西,比喻舍弃小的以成全大的。比如,在军队作战中,当大部队撤离时,会选择一小部分士兵来断后。这些断后的士兵会成为敌人的靶子,面临极大的生命危险。但如果不这么做,将会给整个队伍造成极大的损失,甚至会导致全军覆没。

总之,"弃卒保帅"是一种舍小求大、顾及全局的作战策略。这一策略不仅适用于实际军事战斗中,同样也适用于象棋对弈。如果棋手在走棋时能够顾全大局,在关键时刻善于运用"弃卒保帅"的招式,必将无往而不胜。

哪个谋士说对了

小故事 断头将军

东汉末年,刘备和曹操、孙权争夺天下。刘备听从诸葛亮的建议,派关羽留守荆州,让张飞前去攻占巴郡。巴郡的太守是老将严颜,此人虽年事已高,却依然英勇善战。他知道自己不是张飞的对手,于是便紧闭城门,无论张飞怎么挑衅,他都闭门不出。张飞性格火爆,发誓要逼严颜出城,但此时强攻肯定是不行的。张飞虽是粗人,但也有心思细腻的时候,他派人乔装成自己的模样,从小道偷偷溜出去攻城,自己则留在营帐中埋伏,还故意让人将攻城的消息透露给严颜。严颜带着人马去偷袭张飞的营帐,却没想到被张飞生擒。

张飞审问严颜:"看到我大将军在此,为何还不投降?"严颜毫不畏惧,义正辞严道:"你们已经侵占了我的州郡,还要我们投降不成?这是什么道理?"张飞大发雷霆,准备将严颜拖出去砍头,严颜却冷笑道:"你砍吧,我宁死也不会投降!巴郡只有断头将军,没有投降将军!"

张飞被严颜的忠义感动,亲自给严颜解开绳子,并将他扶到座位上,跪地一拜,说道:"老将军果然英雄豪杰,令人肃然起敬。刚才多有冒犯,请您恕罪。"严颜见张飞态度诚恳,也是个性格耿直的热血英雄,于是就归顺了张飞。

思维游戏：哪个谋士说对了

在一场战役中，黑方军队遭敌军围攻。情况紧急，将军便请A、B、C三位谋士一起商议突围之计。将军介绍完具体战况，三位谋士各献一策。经过一番讨论，谋士A说："我的策略不对。"谋士B说："A的策略很好。"谋士C说："我的策略也不对。"听完三人的话，将军说："我认为你们中有一个人提出的策略是对的，还有一个人的分析是对的。但令我失望的是，你们中没有策略和建议都对的。"

小朋友，你知道将军认为哪个谋士说对了吗？

高将多危

　　小朋友，你知道"高将多危"是什么意思吗？意思是说，当老将走到九宫格顶的位置时，士和象对老将的保护作用开始降低。如此一来，老将面临的风险就会增加，容易被对方将军。所以，在象棋对弈中，老将切忌为所欲为，不要轻易往高处走，而是尽可能在底线范围内活动。

寻找敌营

小故事 关羽之死

建安二十四年（公元 219 年），曹操想攻打关羽。刚好孙权也想对付关羽，于是曹操就以把江南封给孙权作为交换条件，让孙权从背后攻击关羽，自己则亲自讨伐。

先前，孙权想让自己的儿子娶关羽的女儿，派人去提亲，却被关羽一口拒绝，还嘲讽道："犬子怎能配得上虎女？"从此孙权对关羽怀恨在心，两人势不两立。孙权派吕蒙偷袭荆州，当时驻守荆州的是糜芳（刘备小舅子）、傅士仁，这两个人都跟关羽有矛盾。孙权趁此机会，派人说服糜芳、傅士仁，让他们在关羽需要支援时不要相救。糜芳、傅士仁听从了孙权的安排。关羽知道后，愤怒地说："回去后一定要重重地惩处他们！"两人听说关羽要惩罚自己，内心恐惧万分。孙权又趁机派人诱降了他们。

南郡失守后，关羽撤兵到麦城，途中士兵们大多失散走丢。十二月，关羽带着几十个骑兵连夜逃跑，不料遭遇埋伏，他和长子关平被擒，并被杀害。

关羽遇害后，孙权把关羽的头献给曹操，曹操将关羽的头葬在洛阳。孙权则将关羽的尸体安葬在当阳。而蜀国人则在成都为关羽建造了衣冠冢。所以，关羽之死一直有"头枕洛阳，身卧当阳，魂归故里"的说法。

思维游戏：寻找敌营

两军对决，红方在寻找黑方的秘密营地，发现黑方营地可能在 A、B、C、D 四个位置中的一个。这四个位置的密码是用七个不同的棋子组成的。小朋友，你能破解黑方秘密营地的棋子密码吗？

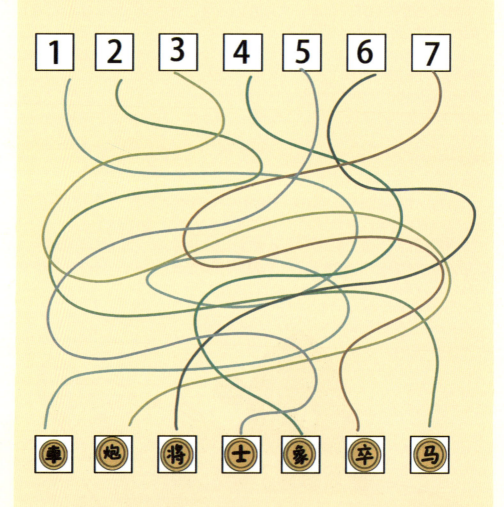

A. 将 士 象 炮 马 车 卒
B. 车 士 卒 象 炮 将 马
C. 车 马 炮 象 士 将 卒
D. 车 马 炮 象 士 卒 将

将军九法

小朋友,我们已经知道象棋的获胜标准是:看谁能"将"死对方的老将(帅)。那么,如何"将"死对手的老将(帅)呢?下面给大家介绍9种妙招。

(1)二鬼拍门——用两车或两兵(卒)或一车和一兵(卒)同时进攻。

(2)重炮——用两个炮重叠将军,使对方来不及用其他棋子护将。

(3)双车错——两个车各走一线,平衡进攻。

(4)闷将——利用故意牺牲不重要棋子的办法来闷死对方将(帅)的通道。

(5)马后炮——以马作炮架将军取胜。

(6)空头炮——先让炮直接面向对方的将(帅),然后用车、兵(卒)等棋子配合将军。

(7)卧槽马——让马在(3.9)或(7.9)位置上将军,迫使对方将(帅)离宫,然后用车或其他子将军。

(8)双将——用两个子将军,使敌方双重受敌,趁对方无法兼顾时取胜。

(9)海底捞月——当对方将(帅)的正面有车防守,不方便直接攻击时,可以用对方的将(帅)作炮架,然后从后背攻对方的车。

棋子对对碰

小故事 棋局之祸

清朝时期，慈禧太后非常喜欢下象棋，但她下棋的水平并不高。由于慈禧太后喜怒无常，且大权在握，没人敢在对弈中赢她。一天，象棋世家出身的太监廉琦与慈禧太后对弈，廉琦一边拿车吃马，一边说："奴才杀老佛爷一匹马。"话音刚落，慈禧太后大怒道："你杀我的马，我杀你全家。"

就这样，廉琦因为一局棋落得个满门抄斩的下场。从此，再没有人敢陪慈禧太后下棋了。

思维游戏：棋子对对碰

左侧每一组框格中有两枚不同的棋子，请用心记牢哪两枚棋子在同一排框格中，然后将左侧方框盖上，按照左侧方框中的配对方式，将右侧被打乱顺序的棋子进行正确连线。

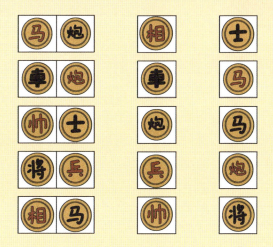

三子归边，将帅喊天

"三子归边，将帅喊天"，意思是当一方有三个进攻型棋子同时处在对方的一侧时，会对对方造成极大的威胁，直接影响到对方将（帅）的生死安危。这一棋谚告诉我们，棋局的输赢并不单纯依靠某个棋子的战斗力，而需要棋手善于调动各个棋子的力量，让多个棋子在棋局中互补、配合，集中兵力联合作战。这样就可以化险为夷，化被动为主动，最终击败对手赢得棋局。

8 战车的攻击

小故事 一鼓作气

鲁庄公十年,齐国军队攻打鲁国,鲁庄公准备迎战,曹刿(guì)请求拜见鲁庄公,为他出谋划策。曹刿的老乡劝他说:"打仗的事情,当官的人自然会谋划,你又何必去凑这个热闹呢?"曹刿回答:"当官的人大都目光短浅,无法做到深谋远虑。"于是,曹刿主动进宫拜见鲁庄公。

见到鲁庄公,曹刿问:"您凭什么跟齐国打仗呢?"鲁庄公说:"衣食是百姓生活的必需品,我从不敢独自占用,必定分给别人。"曹刿说:"这种小恩小惠不能普及老百姓,他们不会为此听从您。"鲁庄公又说:"祭祀用的牛羊、玉帛,我从来都不敢虚报。"曹刿说:"这点诚意难以让人信服,神明是不会保佑您的。"鲁庄公接着说:"大大小小的案件,我虽然无法做到件件都清楚,但重要案件我一定做到公平公正处理。"曹刿听后说:"这才是最该做的。凭这点,您可以去打仗了,不过请允许我跟您一起去。"

曹刿和鲁庄公共乘一辆车奔赴战场。对决开始,鲁庄公刚上战场就要击鼓进攻,曹刿阻止说:"不可。"齐军击了三次鼓后,曹刿说:"可以进攻了。"结果齐军大败。鲁庄公准备立即追击,曹刿说:"不可。"言罢,曹刿下车查看齐军的车轮印,回来后说:"现在可以追击了。"于是鲁庄公下令追击齐军。

此次出征,鲁国大胜。鲁庄公问曹刿取胜的原因。曹刿说:"打仗,凭借的是勇气。第一次击鼓,可以振作士兵的勇气;第二次击鼓,士兵的勇气会有所减弱;等到第三次击鼓时,士兵的勇气已经枯竭。当敌军三次击鼓结束,敌兵的勇气已经耗尽,而我军正勇气十足,所以很容易就能击败敌军了。"

思维游戏：战车的攻击

棋盘上，有一辆战车根据老将的指令向对方发起猛烈进攻，最终击败对方，到达安全位置。请认真阅读老将的口令，然后在战车最终到达的位置画上★。

老将的指令如下。

（1）先向东进攻2格。

（2）改变方向，向北进攻3格。

（3）改变方向，向东进攻2格。

（4）改变方向，向南进攻1格。对方被俘虏，位置安全，停止进攻。

聪明的小朋友，你知道战车的安全位置在哪里吗？

三步不出车，满盘皆是输

象棋中有句谚语："三步不出车，满盘皆是输。"这并不是说三步之内一定要出车，而是提醒下棋者出车速度要快。假如你是黑方，对方是红方，当红方的车先行一步后，你就要紧随其后出车，切不可慢红方两步。如果出车速度太慢，你就会被动，导致你的车很容易被红方吃掉。总之一句话，关键时刻丢掉一个兵、一个炮、一个马、一个车都不要痛惜，你的首要任务是直捣对方九宫，威胁对方老将。

象棋藏在哪里了

小故事 聂绀弩捏制饭棋

聂绀（gàn）弩是湖北京山人，被周恩来称为"20世纪最大的自由主义者"。他在《文汇报》工作时，结识了记者梁羽生，因两人都喜欢象棋，经常在一起对弈。

有一次，他们下棋入了迷，竟然忘写了一篇十万火急的稿子，两个人只好相互遮掩，蒙混过关。新中国成立后，聂绀弩担任人民文学出版社的副总编辑，与身在香港的梁羽生天南海北。1951年，梁羽生结婚，带新婚妻子来北京度蜜月。刚到北京，梁羽生就丢下妻子，去拜访聂绀弩，两人在家下了一天一夜的象棋。梁羽生的妻子独自待在宾馆，还以为丈夫莫名失踪了呢！另有一个冬日，外面飘着鹅毛大雪，聂绀弩应邀去中南海与棋友下棋，竟然忘了司机在外面等候自己。最后，司机只好开着空车回去。

20世纪60年代，聂绀弩被关进了山西稷山看守所。当时的聂绀弩已到了古稀之年，但仍积极乐观。只是看守所没有象棋可玩，这让他倍感寂寞。后来，他从自己的一件格子上衣撕下一块，当象棋棋盘来用。又将米饭捏成棋子形状，用纸包裹，写上车、马、炮等字，然后开始与狱友对弈。每次下棋，聂绀弩都会让人把风放哨，从没被看守发现过，但他的"饭棋"未能逃过老鼠的法眼，没多久就被老鼠当美餐吃掉了。

之后，聂绀弩又用泥巴制成了"泥棋"，这次老鼠不再捣乱，却不幸被看守发现。看守一脚将"泥棋"踩得稀巴烂，聂绀弩只能对着满地的碎泥巴"望泥兴叹"。

思维游戏：象棋藏在哪里了

在下面的字母表格中隐藏着"xiang qi"（象棋）这个拼音组合，这些字母有可能是竖线排列，也有可能是横线或者斜线排列。小朋友，想知道"xiang qi"这个拼音到底藏在哪里吗？那就赶快找一找吧！

O	K	B	P	G	M	F	D	S	E
M	U	H	M	V	T	L	K	D	X
G	X	P	E	J	F	D	P	Q	G
J	P	I	T	A	Z	C	F	N	P
O	K	B	P	G	M	F	D	S	E
X	M	N	J	I	N	X	K	N	F
K	I	D	P	G	Q	N	F	N	J
G	P	A	E	K	P	M	I	Q	P
Q	K	G	N	P	F	P	A	T	Q
N	T	I	Q	G	N	J	T	X	N
X	A	F	M	D	Q	M	Q	N	A
P	N	N	G	A	T	I	N	Q	F

臭棋先飞象

"臭棋先飞象"是一句象棋谚语,意思是在没有好棋可走的情况下,需要先飞中象。这一招具有极强的防守作用,具体如下。

(1)飞象能够守住4个点,尤其是河口的两个关键点,既能防止对方的兵(卒)过河,又能防止对方的马跳过来挂角。

(2)飞象可以加强己方阵营的中线防守,降低对方中炮的威胁。

(3)飞象可以提升己方炮的防御能力,使"屏风马"有所保障。

(4)象可以随时飞到河口,不仅能挡住对方的马,还可以充当己方炮架;如果不幸被对方的车"骑河",则可以控制对方车的活动范围。

10 不一样的战车

小故事 黄帝造车

据说，在四五千年前的上古时期，河北涿鹿有一个部落，这个部落的首领姓姬，号轩辕氏，也就是后来的黄帝。由于当时的人没有代步工具，去远的地方需要行走好几天，运送沉重的东西也只能手提肩扛，一点都不方便。黄帝对此很是头疼，多次寻找解决这些问题的方法，但总是没有思路。后来的一次偶然点醒了黄帝。

一年夏天，黄帝正带着草帽在田间耕种，一阵风吹过，将黄帝的帽子吹落在地。黄帝刚想捡，风再次吹起，草帽随着风滚动起来，黄帝追了很远才把草帽捡回来。捡回后，黄帝突发奇想：帽子的帽檐是圆形的，所以才会在风的作用下滚动起来。假如我做两个圆形的轮子，在轮子上再加几个架子，不就可以运输粮食了吗？于是，黄帝匆忙赶回家，找来木材、工具等东西，在无数次的尝试后，终于制造出一辆既能代步又能运输东西的车子。

由于战争需要，黄帝还发明了一种用于打仗的战车。战车的使用方法是：进攻时士兵都站在战车上战斗，以增强士兵的斗志；休息时，将几辆战车连接起来，围成一个大圆圈，当作出入时的门户，同时还能对将士起到全方位的保护作用。后来，古人在车的边缘添加了幕布，将这种车称为"轩"，将车前驾驭牲畜的直木称为"辕"。由于最早的车是黄帝发明的，人们为纪念黄帝所作的伟大贡献，就把黄帝称为"轩辕氏"。

不过，也有人说车的发明者另有其人。车到底是谁发明的，至今还尚无定论。

思维游戏：不一样的战车

认真观察左图的战车，记住战车上都有哪些人、战车本身有什么特点。然后盖住左图，看右图，凭记忆说一说两幅图有哪些不同。

低头车，阵势虚

小朋友，你听过"低头车，阵势虚"这句谚语吗？这里的"低头车"是指在棋盘上处于不利地位的车。由于这时的车处于被动局面，作用受到极大限制，所以在阵势布局中就显得虚弱无力。在实际的行棋过程中，如果你的车不幸处于"低头车"的局面，就需要走动几步才能起到进攻退守的作用。与"低头车"相对应的是"通头车"，这种车行走自由，可进可退、可攻可守，在棋局中具有极大的威力和主动性。

所以说，在象棋对弈中，"车"是一个潜力极大的棋子。如果你用好了车，它能够救活一盘棋；如果用不好，有可能会全盘皆输。所以，棋手在走"车"时，必须要慎重对待，将它放在最适合的位置上，让它发挥出最大威力。

火牛迷宫

小故事 火牛阵

春秋时期，燕国名将一连攻下齐国七十多个城池。田单是居住在临淄的贵族，当燕国军队攻打到临淄时，他逃至即墨。不久，燕军又打到即墨来，即墨城内无人主持大局，也没将领带领军队，大家就推荐田单为将军。

为守住即墨城，田单挑选五千人作先锋队，每个人都画着花脸，手中拿着大刀，装扮成鬼神的样子，接着他又挑选了一千多头牛，给每头牛披一件褂子，上面画着稀奇古怪、花花绿绿的图案，牛角上插几把尖刀，牛尾上系着用油浸过的麻和芦苇。深更半夜时，田单命人偷偷拆开城墙，将牛赶到城墙外，然后在牛尾巴上点火。牛的尾巴一着火，牛脾气就发作了，一千多头牛对准燕国的军营冲了过去，五千名先锋队也紧随牛后杀过去。当燕国士兵从睡梦中惊醒时，看到的是尾巴上着火的怪物和花脸妖怪，很多胆小的士兵被这恐怖的情景吓得腿软，军营乱作一团。火牛冲进燕军大营后，横冲直撞，士兵有被火牛踩踏而死的，有被火牛犄角上的刀挑死的，还有被火烧死的。燕军因此大败。

接着，田单又整顿队伍，乘胜追击。齐国百姓也纷纷响应，有钱的出钱，有力的出力。仅用几个月的时间，田单就收复了被燕国占领的七十多座城池。后来，田单推举太子法章为王，齐国再次崛起。

思维游戏：火牛迷宫

红、黑两军对决中，红方布了火牛阵迷宫，迷宫里的火牛头上有尖刀，尾巴上有鞭炮。一旦火牛发怒，身上的鞭炮会自动点燃，整个军营也会陷入火海，处在迷宫中的黑方士兵们将面临生命危险。火牛阵里的火牛马上就要发怒了，聪明的小朋友，你能以最快的速度帮士兵们找到成功逃生的路线吗？

为什么象棋里有马没有牛

象棋是由古代战争演变而来的游戏。古时候打仗,士兵们是骑马作战,所以象棋中有马,但战场上很少有人骑牛作战,所以象棋中没有"牛"。另外,古代的牛主要负责运输物资,属于军队中的后勤兵种,所以在战争中被忽略了。

12 马的名字

小故事 老马识途

公元前 663 年,齐桓公、管仲等人率领军队攻打燕国的山戎。他们春天出征,凯旋时已是冬天。在返回齐国的途中,遇到大雪封山,白茫茫的大雪使人迷失了方向,士兵们走了好多天都没能走出大山。

眼看军粮耗尽,管仲急中生智,对齐桓公说:"老马的智慧是可以利用的。"之后,管仲命士兵挑选几匹老马,解下束缚它们的缰绳,让马儿自由活动。这些老马在原地踌躇了一会儿,然后向同一个方向跑去。管仲又派士兵紧跟在老马的后面,在老马的指引下,士兵们很快找到了出山的道路。

思维游戏：马的名字

小朋友，你能从下面的字母表中找出象棋"马"的英文拼写吗？你可以左右横着找，也可以竖着找，或者斜着找。无论用哪种方法，只要能找到，你就是最棒的哟！

"卧槽马"厉害在哪里

小朋友,你知道吗?象棋里有一种马的走法很厉害,名为"卧槽马",又叫"五步马",即马走五步。"卧槽马"属于棋局中的一个凶招,当马处于这一位置时,不但可以吃掉对方的车,也能够"将军",让对方输棋。不仅棋局中有"卧槽马"的说法,生活中也常用到这个词,形容一个人懂得韬光养晦,等待时机。

13 四匹战马

小故事 田忌赛马

春秋时期，齐国有一名大将叫田忌，他和齐威王都喜欢赛马，但每次他都输得体无完肤。原来，他将自己的马分为上、中、下三等，齐威王也是如此。然后两方用上等马对上等马，中等马对中等马，下等马对下等马比赛。但由于同等级别下，齐威王的马都比田忌的优秀，所以田忌从没赢过齐威王。

有一次，田忌带着谋士孙膑一起参加赛马比赛，孙膑对田忌说："我看齐威王的马比你的强不了多少，我有办法让你获胜。"然后，孙膑给田忌出主意道："你用你的下等马对抗齐威王的上等马，用你的上等马对抗齐威王的中等马，用你的中等马对抗齐威王的下等马。"

三场比赛结束，田忌以两胜一败的成绩赢了比赛。齐威王很是诧异，询问田忌获胜的原因，田忌说这都是孙膑的功劳。

之后，田忌将孙膑引荐给齐威王，齐威王经常向孙膑请教兵法之事，并将他封为齐国军师。

思维游戏：四匹战马

我方军营中共有4匹英勇无比的战马，每匹战马的颜色、特点如图1。请认真观察图1中的4匹战马，并将每匹战马的特点牢记心中。

图1

将图1盖住，凭着记忆给图2中未涂色的战马涂上正确的颜色。

图2

一马换双象,其势必英雄

象棋中有棋谚歌诀说:"一马换双象,其势必英雄。"这句话的意思是,用一个马换取对方的两个象,以此来获得英雄称霸的趋势,并最终获得胜利。一马换双象,这一招考验的不仅是棋手的胆量和气魄,更考验了一个人把握全局的能力。如果以单个棋子的力量来论,一个马的价值远远大于两个象,交换肯定是吃亏的。不过,如果你遇到的情况是一马踩死一象,另一象吃马,然后准备以炮打象将军,迫使对方被压在顶头,失去双象。此时,"一马换双象"就非常值得。

所以,棋手要想走"一马换双象"这步险棋,不仅需要有胆量,更需要环环相扣、精准计算。如果你计算不精,将会导致棋子之间布局分散、无法协同作战。如此一来,你反而会因为失掉"马"这个强子而陷入被动,最终输掉棋局。

战马的影子

小故事 伯乐相马

春秋时期,秦国有一个叫孙阳的人,他对马颇有研究,只需一眼就能够分辨出马的好坏优劣。被他看中的马,都能卖出个好价钱。后来,人们不再叫他的名字,而是以神话中掌管天马的伯乐来称呼他。

有一天,伯乐看到一匹马正在费力地拉着盐车。车很重,坡很陡,这匹马累得直喘粗气,汗水不断地滴落下来。伯乐向来喜欢马,准备走过去安抚一下,结果这匹马引颈长鸣,声如金玉。伯乐听后又惊又喜,自言自语道:"这明明应该是一匹驰骋沙场、日行千里的千里马,却在这里拉车,真是太可惜了!"于是,伯乐脱下自己的衣服披在马的身上。

后来,在伯乐的引荐下,这匹马得到了赏识和重用。

思维游戏：战马的影子

认真观察被圈出的战马，将它的特点牢记在脑海中，然后盖住它，凭记忆在下面的4幅图中选出属于这匹战马的影子。

厉害的"连环马"

小朋友，你知道吗？象棋战术中有一招叫"连环马"，特别厉害。什么是连环马呢？就是一方的两个马分占在"日"字格斜对角两端，这样一来两个马就可以随时呼应、互为保护。如果对方敢吃其中一个马，另一个马则立即吃掉对方。可以说，这一招往往是对方车的克星，所以象棋谚语中有"马跳连环气死车"的说法。

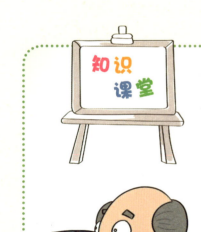

15 将军的火印

小故事 王亥驯马

炎黄时期,黄帝的部下意外捉到一匹野马。黄帝前前后后观察了半天,也没认出是什么动物,就让驯兽师王亥将它关进栅栏中圈养。几天后,栅栏外又来了几匹野马,王亥将它们都赶进栅栏,每天拿野草喂养。几个月后,最初那匹野马生了一匹小马驹。小家伙灵巧活泼,十分惹人喜爱。

一天,王亥喂完马,纵身跳到一匹马的背上。由于受到惊吓,马儿四脚腾空,把王亥摔在地上。当王亥爬起时,马早已跑远了。王亥心情低落地往回走,不料那马奔跑一阵,又主动回来了。

第二天,王亥再次将这匹马牵出,用桑树皮拧成一根绳子,把马头拴住,然后翻身跳上马背。马儿仍像上次一样四脚腾空跳起,不过王亥右手紧紧抓住绳子,左手抓住马鬃,没有从马背上摔下来。马儿奔跑很久才停下来,王亥坐在马背上,拉着绳子将马骑了回来。

王亥骑马的事惊动了很多人,黄帝身边的大将风后、应龙、常先、大鸿都来观看。大将应龙对骑马极感兴趣,黄帝就让他协助王亥驯马。再后来,人们发现马是一种善于奔跑的动物,于是将马用于出行、运输及两军对战之中。

思维游戏：将军的火印

军营中新买了13匹马，将军为把每匹马区分开，准备在马的身上盖不同的火印。马被盖火印时，会因为疼痛而叫喊4分钟。在叫声不重叠的情况下，要想将这13匹马区分开，请问这些马至少要叫喊多少分钟？

知识课堂

马退窝心，老将发昏

当马走进己方的九宫宫心时，会受到对方子力的牵制，导致将（帅）的自由移动受限，此时己方的老将很容易受对方车兵杀士、卧槽马、挂角马和中炮的威胁，面临被将死的危险。所以象棋中有"马退窝心，老将发昏"的说法。

不过，从另一个角度分析，"窝心马"也具有一定的优点，比如它可以看守底象或借此位置进行转移。但总体而论，"窝心马"是弊大于利的，所以在行棋布局时要全面考虑，防止因为"马退窝心"而使自己陷入被动局面。

16 马的主人

小故事 借马升官

宋太祖赵匡胤统治时期,有个叫张融的官员,这人虽相貌丑陋,但精明能干,深得赵匡胤的喜爱。有一次,张融立一小功,赵匡胤许诺封他为司徒长史。不料张融在家苦等很久,诏书始终没有送达,他心想肯定是赵匡胤把这事忘了,就准备找个机会提示一下赵匡胤。

张融挑选了一匹瘦马,每次皇上召见,他都特意骑上它。终于有一天,赵匡胤发现了张融的异常举动,问他道:"爱卿呀,这匹马如此之瘦,你每天给它吃多少粮草?"张融回答赵匡胤:"每天一石粟米!"赵匡胤惊奇道:"每天吃一石粟米,怎么会瘦成这个模样?"张融不慌不忙地说:"我是许诺每天给它一石粟米,不过只是许诺而已,我并没有真的给它!"

张融说完,故意用余光打量赵匡胤。聪明的赵匡胤听出了张融的话外音,轻松一笑就换了话题。第二天,就有诏书送到了张融的家中,他终于做上了梦寐以求的司徒长史。

思维游戏：马的主人

根据下文提供的线索，判断 A、B、C、D 四匹马分别属于谁。

（1）相只喜欢全身一种颜色的马。

（2）将军的马名叫"绝影"，它全身只有一种颜色，但不是白色。

（3）有匹马浑身黑色，只有蹄子是白色的，名叫"白蹄乌"。它的主人不是卒。

（4）有一匹马叫"五花马"，毛色是黑、白、灰相间。它的主人不是士。

（5）有一匹全身雪白的马，叫"白兔"。

双马饮泉势

　　小朋友，你知道"双马饮泉势"是什么招式吗？现在，我们把两个马聚集在一起发动攻势的杀招都称为"双马饮泉势"。它的原型是，先让一个马在对方九宫的一侧控制将门，另一个马跳到这个马的里侧，进行卧槽将军。此时，两个马可互借威力，左斩右杀，同时出击，合力击败对方。在最初招式中，由于是两个马并立在河头，所以取名为"双马饮泉"。

对号入座

小故事 狡兔三窟

孟尝君被称为"战国四公子"之一,他非常喜欢结交有才之人,一旦遇到就收为门客,给他们发薪俸。孟尝君的门客中有一个叫冯谖(xuān)的人,孟尝君邀请朋友们来做客时,冯谖也会前来,但什么都不说,孟尝君觉得很奇怪,但也没有赶他走。

有一次,孟尝君叫冯谖到自己的封地薛邑收债,他却私自做主,撕毁了欠条,免了薛邑百姓的债务。孟尝君知道后大为不快,但也没有责怪冯谖。薛地的百姓认为这是孟尝君的善德,很感激他。

后来,孟尝君得罪齐王,被免除丞相之职,迫不得已去薛邑定居,没想到百姓们都很欢迎他。孟尝君觉得奇怪,冯谖对他说:"狡猾的兔子为逃避猎人追捕,都会给自己做三个窝,你现在只有一个窝,怎么能高枕无忧呢?我再给你安排两个窝吧!"

之后,冯谖去梁国告诉梁惠王孟尝君的德才,梁惠王便让人请孟尝君来梁国做宰相,可冯谖却不让孟尝君去。梁惠王前后邀请了孟尝君三次,消息终于被齐王知道了。齐王认为,孟尝君一旦做了梁国的宰相,势必对齐国的发展不利,就重新请孟尝君为相。冯谖听说后,让孟尝君请求齐王,将齐国祖传的祭器放在薛邑,并修建了一座宗庙。之后,他对孟尝君说:"现在,三个窝都做好了,你可以高枕无忧了。"

后来果真如冯谖所说,孟尝君做了几十年的齐国丞相,完全没有遇到一点祸患,这都源于冯谖的完美计策。

思维游戏：对号入座

在两支部队中，每一方将帅的手下都有一批能征善战的棋子，比如车、马、相、仕、兵、炮，都是他们的得力助手。请认真阅读下面的文字提示，并在每个棋子旁的括号里填上正确的序号。

（1）它能走直线，可以走很近，也能走很远。两个轮子圆又圆，战斗能力顶呱呱。

（2）它善于奔跑，但要时刻小心是否有人在路上绊它腿。饿了就吃草。

（3）它的任务是保护将军，从来不离开将军左右。

（4）没过河之前，它只能硬着头皮往前冲；过河之后，就能向前、左、右行走了。

（5）它隔物发射，如同雷电，能炸得敌人人仰马翻。

（6）它是军队的智慧参谋，出主意离不开它。它不是农夫却喜欢走"田"字。

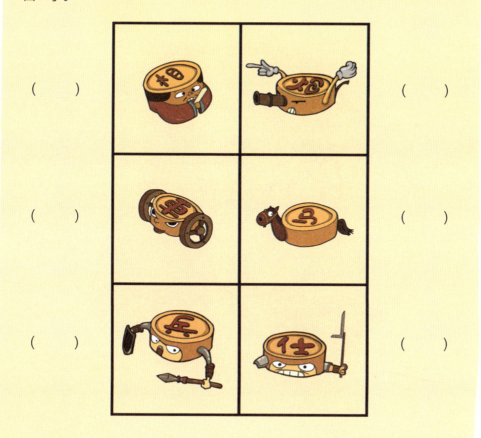

当头炮的大智慧

小朋友,你知道吗?象棋里可是藏着中华大智慧哟!在棋局攻守中,总伴随着各种棋子的布局变化,最常用、最经典的招数就是"当头炮"与"屏风马"了。

"当头炮"意味着挑战、进攻、变革。关于"当头炮",《橘中秘》一书中的歌诀说:"起炮在中宫,比诸局较雄。马常守中卒,士上将防空。象要车相护,卒宜左右攻。若将炮临敌,马出渡河从。"由此可见,"当头炮"具有主动进攻之势。

18 轻炮和重炮

小故事 戚继光修炮

明朝嘉靖年间,倭寇占领了我国山东的一块领土,准备将这里作为侵略我国的老窝,还俘虏了几个当地的能工巧匠给他们造大炮。这几个工匠暗自合计:"如果不听他们的话,小命不保;如果听了,最后害的是同胞。怎么办呢?"后来,他们想出了一个好方法——制造不能用的大炮。造炮过程中,工匠们偷偷在炮模的泥芯上放了一块铜,等炮造好后,掏出泥芯。这样一来,那块铜就牢牢地粘在炮壁上了。当倭寇拿到造好的炮时,却发现炮不能用,而且用钎捣不坏,用锤砸不动。倭寇毫无办法,就把炮扔到五羊湖里去了。

没过多久,戚继光带领三千兵马来到此地,他听说过倭寇逼我国人造炮的事,就派人将炮从五羊湖捞了出来。士兵们折腾很久,炮依然不能用。戚继光心想,解铃还须系铃人,于是找到了当年造炮的工匠头,这人外号"十三能"。"十三能"对戚继光说:"当时往炮芯放了铜块,就是为了日后能修复,然后用这些炮来保卫国家。你只需将铜烧到要红不红的时候,轻轻一砸铜就折了。"

戚继光照"十三能"的说法,果然修好了大炮。谁知,戚继光刚将两门大炮架好,倭寇的一百多艘船就向戚家军攻来。他们还不知道戚继光修好了大炮,当他们的船开到海边时,架在东崖屋的炮就向他们开了炮,第一炮就将倭寇头子全都炸死了。随后一炮接着一炮,倭寇们被炸得晕头转向。戚家军趁机冲上去,将几千名倭寇杀个片甲不留。只用了两天时间,戚家军就把倭寇的老窝给端了。

思维游戏：轻炮和重炮

小朋友，请认真观察下图中马和炮的数量，判断哪个是轻型炮，哪个是重型炮？

图1

图2

1　　　　　　　2

炮不过河，过河必杀

炮在攻打对手时需要炮架，具有"隔山打牛"的能力，所以比较适合防守或远距离攻击。通常情况下，不要让炮过河。如果非过河不可，必须要吃掉对方一枚棋子。炮在防守时，有两种最常用的阵势。第一种阵势是"当头炮"，它能够有效遏制对方左右两边棋子的转移，所以棋局中有"最险不过当头炮"的说法；第二种阵势是把象或士当作炮架，然后在它的左右两边各放一个炮，让它们彼此守护，协同作战，这称为"担子炮"。

19 炮打敌营

小故事 曹操的"霹雳车"

公元 200 年，袁绍和曹操在官渡决战。战争进入相持阶段，两军在官渡扎营对峙。袁绍命令士兵筑起土山，在山上盖箭楼，让箭手居高临下，射杀曹军。曹军也不是等闲之辈，曹操的谋士刘晔发明了一种投石器，用来发射大石头，以此摧毁了袁军的箭塔。由于石头落地时声如惊雷，所以这种投石器被称为"霹雳车"。

"霹雳车"采用的是杠杆原理，具体做法是，在一端安装一个皮制口袋，里面装上大石块。另一端捆上数根绳索。要发射石头时，数名士兵同时拉动绳索，石块就会抛出射伤敌人，威力惊人。

思维游戏：炮打敌营

炮在战斗对决中具有极大的杀伤力，所以士兵们喜欢用炮来攻击敌人。下面是士兵们用炮攻打敌营的 4 张图，不过顺序被打乱了。小朋友，请根据自己的理解，重新排列这 4 张图，然后结合图中的情景给爸爸妈妈讲一个有关象棋的故事。

炮进冷巷,难兴风浪

"炮进冷巷,难兴风浪",意思是在棋局对弈中,如果将炮放在冷清的位置上,就算它再威风凛凛、气势汹汹也很难起作用。为什么这么说呢?因为在象棋的行棋规则中,炮可翻山,但不能直接吃子,要想吃子就必须与其他棋子相互配合。也就是说,若想让炮显示出它的威力,就得把它放在一个合适的位置上,只有这样它才能对敌军造成一定的杀伤。

20 帮战马找主人

小故事 千金买骨

春秋时期,齐国趁燕国内乱,夺去了燕国部分城池。燕昭王继位后,消除了内乱,决心振兴燕国,收复失地。可燕昭王虽有雄心,却苦于没有贤才,于是就向郭隗请教招贤纳士的方法。郭隗清楚燕昭王的来意,就给他讲了一则千金买马的故事。

从前有位国君,很喜爱千里马,不惜用千金来买。可是他花了3年多的时间,却没有买到一匹好马。这时,一位不出名的侍臣对国君说:"我原意帮大王寻找千里马的线索。"这个国君就同意了。

花了三个月的时间,这位侍臣终于打听到,某户人家养有一匹好马,于是就快马加鞭赶了过去。可不巧的是,当侍臣找到这户人家时,却被告知马已经死了。这个侍臣并没有空手而回,而是花500金买了这匹马的骨头,献给了国君。国君看后愤怒不已,决定处置他,他却解释说:"我之所以花500金买马骨,是为了让天下人知道,大王您是真心真意想买良马。天下人看到后,还能不相信您买马的诚意吗?如此一来,大王何愁买不到千里马呢?您只需坐等就可以了啊!"事情果然如侍臣所料,不出一年时间,这位国君就得到了三匹千里马。

郭隗讲完"千金买马"的故事后,对燕昭王说:"大王若真想得到人才,不妨学学故事中的这位国君。您可以从我开始,授予我官职。当众人看到我这样的人都可以得到重用,那些远胜于我的贤才自然会投奔大王。"

燕昭王听后,觉得很受用,就给了郭隗优厚的俸禄,让他负责修筑"黄金台",专门用于招纳天下的贤士。没过多久,投奔燕昭王的人才开始络绎不绝。经过燕昭王和大臣们二十多年的不懈努力,燕国终于一雪前耻,夺回了丢失的国土。

思维游戏：帮战马找主人

认真阅读框中的线索，并牢记在心。然后将框中的文字盖上，凭记忆帮每一匹战马寻找它的主人。

> 长胡子将军的战马是白色的。
> 挥旗大帅的战马是黑色的。
> 八字胡谋士的战马不是褐色的。
> 挽发小兵的战马不是灰色的。

残局马胜炮

在棋局开始阶段,棋盘上的棋子较多。此时炮需要借助其他子力协助,以达到"炮打翻山"的目的。所以开局时期更有利于炮的发挥。当进入残局阶段时,棋盘中剩下的棋子越来越少,炮能够借用的子力也很有限,它的威力大打折扣。而马的特点刚好与炮相反。在开局时,马的行动常受其他棋子牵绊,比如我们常说的"蹩马腿"。所以,开局时马不如炮厉害。棋局发展到后期,马的限制随着棋子的减少而减少,逐渐可以充分发挥自身的威力。如此一来,就有了"开局炮不换马,残棋马胜炮"的说法。

21 小卒过河

小故事 楚河汉界

公元前 204 年，项羽率军攻占荥阳，刘邦见势不妙，赶紧向项羽求和，但却被项羽拒绝。为解决危机，相貌酷似刘邦的大将纪信假扮刘邦的模样，出荥阳东门诈降，而刘邦则趁机从西门逃走。

秋天时，项羽派曹咎驻守成皋，再三嘱咐他不能出城交战。但由于刘邦的汉军士兵在城门下不停辱骂，曹咎忍无可忍便出城迎战，不料中了埋伏。战败之后，曹咎愧疚自杀。项羽听说成皋失守，赶紧回来。哪知无论他怎么挑衅，刘邦就是闭城不出。项羽急了，就把刘邦的父亲俘虏来，并威胁刘邦说："你再不投降，我就把你的父亲下锅煮了吃！"刘邦故作镇定地说："当日你我二人为了反秦，互相结为兄弟，如此一来我的父亲就是你的父亲，如果你要煮我们的父亲，别忘了给我留一口汤。"项羽听后只好作罢。

随后，刘邦兵分两路，一路在荥阳跟项羽继续对抗，另一路由韩信带兵抄项羽楚军的后路，一举拿下了河北、山东一带。最终，楚军因断了粮草，无奈之下只能向汉军求和，双方以鸿沟为界"中分天下"，西侧为汉，东侧为楚，这就是历史上有名的"楚汉相争，鸿沟为界"。

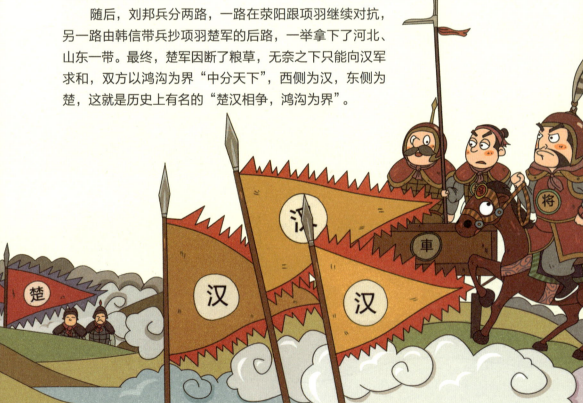

思维游戏：小卒过河

将军派一个士兵去集市采购，在将军的安排下，士兵买了2只羊和1条狗。这条狗很凶，当士兵不在时，它会趁机咬羊。可是，士兵在回营时要经过楚河，楚河上没有桥，河边有一艘很小的船，每次只能上一个人和一只动物。这下士兵可犯愁了，他不知道在确保羊不被狗咬伤的前提下如何将2只羊和1条狗运到楚河对岸。聪明的小朋友，你能帮士兵解决动物们安全渡过楚河的问题吗？

过河小卒能当车

象棋中的兵（卒），在过河之前只能一步一步向前走，而且只能进不能退。但兵（卒）过河之后会变得如同猛虎，既可以"绊马""锁车""挡炮"，又能够"封象眼"，所以象棋棋局中有"小卒过河顶大车"的棋谚，说明过河后的兵（卒）威力十足，有时比车还要厉害几分。现实生活中，我们也常用"过河小卒"来比喻那些原本不起眼却突然变得厉害的小人物。另外，"过河卒子"也用来比喻受命他人而毫无退路的人。

22 谁俘虏的敌军最多

小故事 乐不思蜀

三国后期,蜀国战败,蜀汉后主刘禅帅百官投降魏国。随后,刘禅被带到魏国首都洛阳,晋王司马昭封刘禅为"安乐公",赐他豪宅一所,良田千顷,奴婢百人。从此,刘禅在洛阳城不愁吃穿、安逸享乐,过上了神仙般的生活。

一日,司马昭设宴款待刘禅,故意在宴会上安排蜀国的歌舞表演。在场的蜀国旧臣们听了都泪流满面,思乡情切,只有刘禅一人笑逐颜开,高兴万分。司马昭看此情景,心满意足地对大臣贾充说:"刘禅这人如此糊涂,我看就算诸葛亮现在仍活着,也无法保住蜀国呀!"

席间,司马昭问刘禅道:"你还思念蜀国吗?"刘禅没心没肺地回答:"我在这里过得逍遥自在,怎么会思念蜀国呢?"

思维游戏：谁俘虏的敌军最多

战场上，士兵们勇猛无敌，俘虏了敌军的相、仕、帅、兵等。战争结束，将军想知道哪个士兵俘虏的敌军人数最多。请认真观察每种俘虏代表的分数，你能帮将军算出哪个士兵俘虏的敌军最多吗？

50＝帅　　90＝仕＋仕　　40＝相　　60＝兵＋兵＋兵

为什么日本将棋可变俘虏为兵卒

　　世界上有三种象棋，分别是中国象棋、国际象棋、日本将棋。这三种象棋的行棋规则分别代表了中国、欧洲、日本的各民族性格特点及各国文化特色。与国际象棋、中国象棋相比，日本将棋最大的特点是"持驹"，简单说就是当一个棋子被对方吃掉后，并不代表它死亡，而是变成俘虏，帮对方再上战场厮杀搏斗。

　　为什么日本将棋会采用这种规则呢？其实，这是由日本国情所决定的。日本最大的特点是：地少人多，国土狭长，每一个派别各自为政。这导致日本战火连连、伤亡惨重。不同派别的领导者为了充分利用兵力，不会轻易杀掉俘虏，而是将俘虏编排到自己的军队中，以此来增强军队的战斗力。也正是由于这种原因，日本人在下将棋时，也会根据军事规则将敌军俘虏变成自己的兵卒，让它们继续为自己战斗。

23 锦囊妙计

小故事 诸葛亮的锦囊妙计

据《三国演义》描述，刘备借东吴的荆州不还，周瑜早就想夺回，但碍于孙权和刘备结盟的情面，不好撕破脸率军强夺。

一天，周瑜听闻刘备的妻子去世了，就打着让刘备来东吴娶亲的旗号，准备趁机软禁刘备以换取荆州。刘备立即识破这是个阴谋，打算不去，诸葛亮却说，如果能娶到孙权的妹妹孙尚香，是个巩固联盟的绝好机会，不能放弃。

为确保万无一失，临行前诸葛亮送给与刘备同行的赵云三个锦囊，并嘱咐他在走投无路之时打开锦囊，依照锦囊中的计谋行事。最终，赵云用了诸葛亮的三个计谋，不但帮刘备迎娶了孙权的妹妹，还顺利逃出东吴。

诸葛亮刚把刘备迎接到船上，周瑜就率领战船急追过来。诸葛亮命部下弃船登岸，之后命令士兵对周瑜高喊："周郎妙计安天下，赔了夫人又折兵。"

周瑜听到刘备的士兵们对自己的嘲讽，气得晕了过去。周瑜的部下急忙将他唤醒，然后狼狈地离去。

思维游戏：锦囊妙计

双方对战中，我方将军遭到对方攻击。危难之间，将军突然想到军师留给自己的一个锦囊，里面藏有作战计策。将军打开锦囊，里面装着一张纸，上面写着一段话。由于害怕此物落入对方手中泄露机密，军师写的是暗语。将军要想知道这个妙计是什么，必须要先破解密码。破解密码的方法是：从第一个字开始，隔一个字划掉一个。

小朋友，你能猜出这锦囊中藏的是什么妙计吗？

假真装包败胜退攻
引拉敌不人神进出埋土伏高

双重威胁

对弈过程中我们经常听到"双重威胁"这种说法,也就是说在下棋时,当你移动一枚棋子,要尽量给对方造成两个方面的威胁,导致对方腹背受敌,顾此失彼。这个时候,无论对方如何选择,都将有所损失,而你则有机可乘。所以,在下棋过程中,棋手要谨慎行事,切不可因一时疏忽,使自己陷入"双重威胁"的困境之中。

24 将军的城堡

小故事 墨子守城

战国时期，楚惠王命公输班（后称鲁班）制造云梯，用于攻打宋国。

墨子是墨家的创始人，他主张"兼相爱"，反对战争。他听说楚惠王要攻打宋国的事情后，走了十天十夜来到楚国，劝公输班不要这样做，却被公输班一口回绝。于是，墨子觐见楚惠王，对他说："楚国方圆五千里，物产富饶，而宋国不过百里，民生凋敝。大王已经拥有华贵的马车，为什么还要偷别人的小破车呢？又为什么扔了自己的绣花大袍，去偷别人的破衣烂衫呢？"

楚惠王听后，仍不改初衷。墨子认为楚惠王仗着云梯相助，有恃无恐，就对他说："您能攻，我能守，您不会得到什么甜头的。不信，就让我和公输班当面演习一下。"然后，他就解下皮带，放在地上围起来，当作城墙，让公输班拿着攻城武器来攻城。

公输班也不甘示弱，他先用云梯进攻，墨子就用火箭来烧。公输班又用冲撞车，墨子就用滚木、滚石来砸。公输班改用地道，墨子就用烟熏。后来，公输班用尽了九套攻城之法，墨子却还有无尽的守法。但公输班仍不服气，对墨子说："我还有一种办法来对付你，但我不说。"墨子反击道："我知道你用什么办法来对付我，但我也不说。"

二人云山雾绕地说了一阵子，弄得楚惠王晕头转向，就问墨子："你们两个究竟在说些什么？"墨子说："公输班的办法就是杀了我。不过我早已派了禽滑釐（xī）等三百个徒弟守住宋城，他们每一个都得到了我的真传。即使我死了，您也会无功而返。"

楚惠王听了墨子的一席话，又见他本领高强，知道攻打宋国没有丝毫希望，也只好作罢。经过几番周折，一场战争终于被墨子成功阻止。

思维游戏：将军的城堡

左图是将军带领士兵们建造的最坚固、最漂亮的城堡，请认真观察图中的每个细节，并牢记心中。然后将左图盖住，凭着记忆将右图中的城堡装饰得跟将军的城堡一模一样。

先固己，再攻人

棋谚说："先固己，再攻人。"意思是，在象棋对弈中，棋手要先布置好自己的棋局，巩固好自我阵营，打造出稳固防线，不要给对方留下可攻击的破绽。当把自己武装得足够强大后，再以最佳兵力击败对方。相反，如果在自己不够强大时急于出击，不但没有实力战胜对方，还容易被对方发现漏洞，置你于死地。

军营鸟瞰图

小故事 火烧连营

公元 221 年,刘备为报关羽被杀之仇,带兵攻打吴国。孙权任命大将陆逊为大都督,统领吴军对抗刘备。

陆逊见蜀军兵力威猛,战劲十足,故意坚守不战。当时天气炎热,蜀军处于烈日之下,酷暑难耐,再加上长途跋涉、军粮供给不足,导致蜀军士气低落。刘备为缓解士兵们的暑热之苦,将营寨安扎在山林之中营与营相连,绵延七百余里。

陆逊了解到刘备连营的情况后,命令士兵们携带火种、茅草、硫磺等物,趁夜黑时到达蜀营各处,然后开始放火。由于蜀国的军营处于山林之中,又连营七百里,大火顺着蜀营迅速蔓延。在火势的攻击下,蜀军大乱,相互踩踏,死伤无数。陆逊趁机连破四十余营。之后,陆逊乘胜追击,蜀军大败。

思维游戏：军营鸟瞰图

下图是我军营地的整体布局情景图，请认真观察营地中的每一个细节。

然后将上图盖住，从以下四个小图中选出正确的营地布局鸟瞰图。

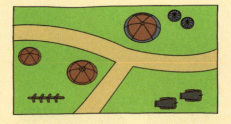
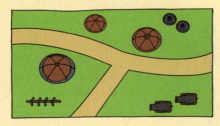
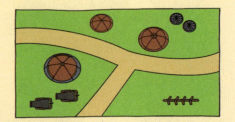

棋局之"火烧连营"

"火烧连营"是一则流传极广的江湖残局,我们经常看到街头骗子以这个棋局行骗,招来不少象棋爱好者前来破局。粗略看来,"火烧连营"好像并不复杂,不少人认为红方具有各种获胜机会,只需几个回合就能快速获胜。而实际上,在棋局刚开始时,黑方就已经设下了各种陷阱,只等红方主动上钩,最终使自己轻松获胜。

26 迷路的将军

小故事 明宣宗东宫弈棋

明朝的皇帝大都喜欢下象棋，比如开国皇帝朱元璋就是一个象棋迷。明宣宗朱瞻基是明成祖朱棣的孙子，也是一个象棋迷。

永乐九年，明仁宗朱高炽继位。第二年，他立长子朱瞻基为皇太子。有一次，仁宗到东宫探望，发现太子正在下象棋。众人见御驾来临，赶紧起身跪拜，仁宗却让他们继续下棋。观棋过程中，仁宗说："我朝太祖曾与徐达下棋，今天朕专来观棋。"他随即诗性大发，作诗曰："二国争雄各用兵，摆成队伍定输赢。马行曲路当先道，将守深宫戒远征。乘险出车收败卒，隔河飞炮下重城。等闲识得军情事，一着功成定太平。"在这首诗中，仁宗以弈棋之事来比喻治国。在他看来，领导者只有决策正确，才能够真正做到"一着功成见太平"。

看仁宗兴致勃勃，随从的大臣曾子棨（qìng）也和诗一首："两军对敌立双营，坐运神机决死生。十里封疆驰铁马，一川波浪动金兵。虞姬歌舞悲垓下，汉将笙歌过楚城。兴尽计穷征战罢，松荫花影满残枰。"曾子棨的这首诗也是以下棋来比喻治国，他提醒太子朱瞻基，不但要吸取楚霸王项羽的教训，而且要学习汉高祖刘邦的治国谋略。

一年后，仁宗去世，太子朱瞻基继位，史称明宣宗。明宣宗继位以后，远小人亲贤臣。因治国有方，国力昌盛，百姓安居乐业，又一次让国家出现盛世。明宣宗将父亲"一着功成定太平"的梦想变为现实，历史上也将父子二人执政期间的盛世称为"仁宣之治"。

思维游戏：迷路的将军

有一个将军由于决策失误，导致战争失败。他在败退中迷了路，想根据太阳来辨别方向，但又不知道现在是上午还是下午。这时，将军看见两个男孩在路边草丛中放羊，他们一个胖一个瘦，一个是哥哥一个是弟弟。这两个男孩有一个坏毛病，那就是哥哥上午说真话，下午说假话；而弟弟是下午说真话，上午说假话。将军问两个男孩："你俩谁是哥哥，谁是弟弟？"胖男孩说："我是哥哥。"瘦男孩说："他撒谎，我才是哥哥。"将军又问："现在是上午还是下午？"胖男孩说："上午。"瘦男孩说："下午。"将军听完两个男孩的话，更是糊涂了。聪明的小朋友，你能帮将军判断现在是什么时间吗？

残局中的骗局

我们经常会听说有利用象棋骗取钱财的骗子,而象棋残局便是一种极为常见的骗局模式。骗子们的设局套路是,在人来人往的地方摆一个残局,然后安排所谓的象棋高手——"托"来破局赢钱。为使众人信服,棋局旁边还会摆放类似"押多少赢多少"的牌子,以此来诱惑路人上钩入套。

在棋局行骗中,设局的骗子们通常是从古棋谱中挑选某个和棋棋局。表面上看,参局的路人很容易获胜,实际上则是暗藏玄机,无论你如何走棋都无法逃脱输棋的结局,最终只能上当受骗。

将军走棋

小故事 赵匡胤下棋输华山

据传,在五代十国末期,有一位名叫陈抟(tuán)的得道高人,他在华山隐居修炼,擅长下棋。有次,赵匡胤跟他的结义兄弟路过此地,当时天色已晚,两个人便在陈抟的住处歇脚。

第二天一早,陈抟约赵匡胤下棋,两人对弈的赌注是这样的——如果陈抟输了,要给赵匡胤千两黄金;如果赵匡胤输了,要给陈抟一座华山。棋局开始,第一局,陈抟仅凭一个车,逼退了赵匡胤的车、马、炮;第二局,陈抟用一个马战胜了赵匡胤的所有棋子。赵匡胤愿赌服输,当场立下了"输掉华山"的字据。

赵匡胤称帝后,陈抟以祝贺为由,向赵匡胤索要华山。赵匡胤将华山送给陈抟,并免去华山一带百姓的赋税。直到现在,华山上依然留着"赌棋亭"。

思维游戏：将军走棋

小朋友，请观察图中棋子炮的运行规律，你知道"?"处的炮应该放在什么位置吗？请从1、2、3中选出正确答案。

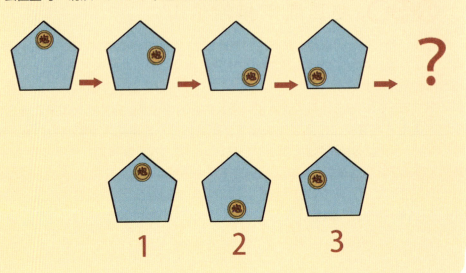

千古无同局

"千古无同局"是一句棋局谚语，意思是说，古往今来，人们下的每一局棋都是不一样的。无论是棋艺娴熟的象棋高手，还是对象棋一知半解的普通棋手，如果将每个人走的棋局放在历史的大背景中，它都是独一无二、与众不同的。所以，在棋局对决中，我们对各种经典棋局只能借鉴，不可模仿，要始终以创新精神来研究象棋。

谁是后来者

小故事 后来者居上

汉武帝时期，有个叫汲黯的人当上了大官，而公孙弘和张汤都还是不起眼的无名小卒。谁知后来，公孙弘和张汤的官职节节升高，而汲黯却没有再被提拔，因此他心生不满。再后来，公孙弘竟然升任丞相，张汤升为御史大夫，这个时候汲黯就更加不满了。

为了发泄内心的不满情绪，汲黯主动朝见汉武帝。见到汉武帝之后，汲黯说："陛下用人就好像堆木柴啊，总是后来者居上。"汉武帝听后，知道汲黯因为官职的事闹情绪，但并没有怪罪他，而是将话题转移到别处。

思维游戏：谁是后来者

认真观察上图中的棋子，并牢记心中。然后将上图盖住，看下图的棋盘上多出了哪几枚棋子，这些多出来的棋子就是后来者。小朋友，赶快试试吧！

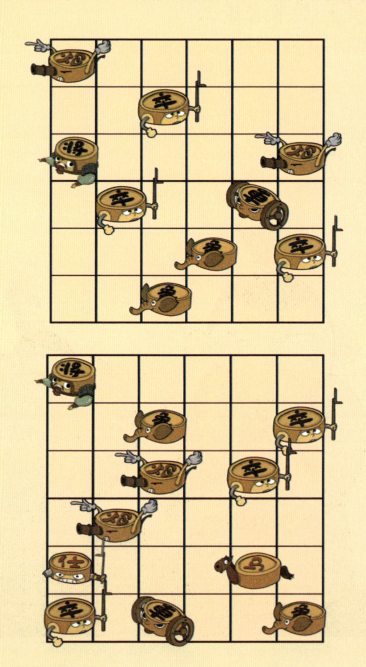

象棋中的"四大名局"

"四大名局"是一个很著名的象棋术语。出自《百局象棋谱》中的四篇排局名作,具体是"七星聚会""蚯蚓降龙""野马操田""千里独行"。

"七星聚会",因双方各有七子而得名;"蚯蚓降龙",即双车虽然强大如龙,但一直被两个弱小得像蚯蚓的小卒控制;"千里独行",一车大战三个兵,如千里独行一般威风凛凛;"野马操田",车马斗车兵,先走一方好像很容易取胜,其实可能是一种圈套和陷阱。

为了更好地记忆,人们将四大名局编成对联:七星聚会降龙,野马千里独行。这四大名局设计精巧,变化多端,从古流传至今,广受象棋爱好者喜爱。

象棋残局

小故事 人生如棋

有个年轻人很想出家,他来到一座寺庙,对住持说:"我的父亲是一位出色的棋手,为了让我尽快继承他的事业,每天都逼我下棋。但棋局之中充满了兵法和杀戮,我感觉自己就是一个无情的屠夫,所以想落发为僧。"

寺院住持对年轻人说:"我们这里只收留最好的棋手,因此你要和另一位和尚对弈,赢了就留下,输了就离开。"棋局开始,年轻人为了留下,便大砍大杀,出手狠毒。但他后来发现,坐在自己对面的和尚面相仁慈、目光柔和,并没有丝毫伤人之心。年轻人顿时觉得对方更适合留在这里,于是他便随意走了几步棋,露出破绽,故意让对手赢了棋局。

输棋之后,年轻人正准备离开,住持却拦住他说:"谁说你只是个无情的屠夫?你为了成全别人,牺牲自己,足以证明你有同情之心。本寺欢迎你的到来。"

思维游戏：象棋残局

下图是一张象棋残局图，请认真观察，并记住图中的细节。然后将图盖上，看下面六张小图，凭记忆选出不属于残局的那张。

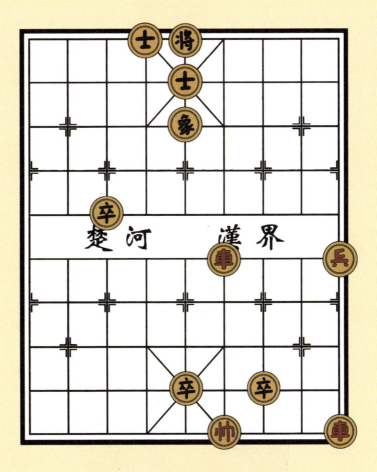

什么是"排局"

小朋友,你想知道明清四大著名象棋残局棋谱是什么吗?让我告诉你吧,它们是《竹香斋》《韬略元机》《心武残局》《百局象棋谱》。

其中,《竹香斋》与其他残局谱不同,最大的特点是以排局为主。那什么是排局呢?排局是最高级的残局,是杀局和实用残局的结合。排局既不受实际对局的限制,也不只是简单解决某一杀局或和局问题,而是以超乎寻常的想象力,用普通对局中不常见的局面,将许多矛盾冲突集中起来,形成可胜、可和、可负的局面。

在象棋学习中,排局练习可以使人在不断变化的矛盾中提升思维能力和意志力,训练棋手从复杂现象中发现矛盾焦点,并最终找到解决方法的能力。

1. 选项1是正确的。

   推理方法：假设士兵A说了假话，那么士兵A就是真正的英雄。这样一来，士兵B和士兵C也说了假话，只有士兵D说了真话，刚好与"只有一个人说了真话"的条件相符。其他三个选项均与题意不符。

2.

3. 敌军老将藏在3号小屋里。1号屋的孩子说的是真话。

   推理方法：先假设敌军老将藏在1号屋里，那么2号屋的孩子和3号屋的孩子说的都是实话，这与前文中"只有一个孩子说真话"的条件不符；假设敌军老将藏在2号小屋，1号屋的孩子和3号屋的孩子都说了真话，也与"只有一个孩子说真话"的条件不符；假设敌军老将藏在3号小屋，此时只有1号孩子说的是真话。由此推断，敌军老将藏在3号小屋中。

4. 略。

5. 谋士C的策略可行。

   推理方法：由于三人中策略对和分析对的分别只有一人，那么可以对不同情况做出假设。
   假设A的策略可行。那么，B和C的分析都是对的，不符合题意。
   假设B的策略可行。那么，A和C的分析都是对的，不符合题意。
   假设C的策略可行。那么，B和C的分析都是错的，A的分析是对的，符合"有一个人提出的策略是对的，还有一个人的分析是对的"题意。

6. C

7.

8.

9.

O	K	B	P	G	M	F	D	S	E
M	U	H	M	V	T	L	K	D	X
G	X	P	E	J	F	D	P	Q	G
J	P	I	T	A	Z	C	F	N	P
O	K	B	P	G	M	F	D	S	E
X	M	N	J	I	N	X	K	N	F
K	I	D	P	G	Q	N	F	N	J
G	P	A	E	K	P	M	I	Q	P
Q	K	G	N	P	F	P	A	T	Q
N	T	I	Q	G	N	J	T	X	N
X	A	F	M	D	Q	M	Q	N	A
P	N	N	G	A	T	I	N	Q	F

10.

11.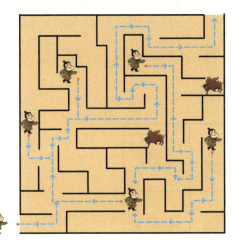

12.

13. 略。

14.

15. 共需叫喊48分钟。有些小朋友会误认为马叫喊的时长为13×4=52分钟，但实际上将军只需要给12匹马盖上火印就行，剩下那匹不需要盖火印也能与其他马区别开。所以，马实际叫喊的时长为12×4=48分钟。

16. A 绝影—将军；B 五花马—卒；C 白兔—相；D 白蹄乌—士。

17.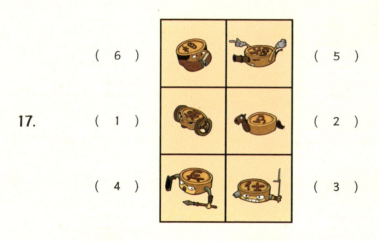

18. ● 重型炮　● 轻型炮

19. ②、①、④、③。

20.

21. 第1步：士兵先带狗上船，靠岸后将狗放在对岸，自己划船返回。
第2步：士兵带1只羊上船，靠岸后将羊放在岸边，再将狗牵上船，带着狗划船返回。
第3步：将狗牵下船，然后将剩下的这只羊牵上船，划至对岸放下羊。
第4步：再独自返回一次，将狗运到河对岸。
这样一来，羊和狗都成功渡过了楚河，也避免了羊被狗咬死的危险。这样，士兵就可以继续朝军营的方向赶路了。

22.

23. 假装败退,引敌人进埋伏。

24. 略。

25.

26. 上午。
    推理方法: 假设是上午,此时哥哥说真话,弟弟说假话。在第二个问题中,胖男孩说是上午,由此可以判断,胖男孩是哥哥,瘦男孩是弟弟。假设是下午,此时弟弟说真话,哥哥说假话。从第二个问题可以判断瘦男孩是弟弟,但在第一个问题中,瘦男孩又说自己是哥哥,这与题意不符。所以正确答案应是上午。

27. 3

28.

29.

22.

23. 假装败退,引敌人进埋伏。

24. 略。

25.

26. 上午。
    推理方法:假设是上午,此时哥哥说真话,弟弟说假话。在第二个问题中,胖男孩说是上午,由此可以判断,胖男孩是哥哥,瘦男孩是弟弟。假设是下午,此时弟弟说真话,哥哥说假话。从第二个问题可以判断瘦男孩是弟弟,但在第一个问题中,瘦男孩又说自己是哥哥,这与题意不符。所以正确答案应是上午。

27. 3

28.

29.